はじめに

近年、日本のラグビーシーンは、代表チームの活躍やビッグイベントの開催などから、かつてない盛り上がりをみせています。さらに「自分もラグビーをやってみたい」「将来、トップリーガーになりたい」というお子さんも増えていて、長年ラグビーに携わってきた私も大変うれしく思います。

小学生以下の子ども達を対象としたラグビーのゲームを「ミニラグビー」といいます。ミニラグビーには、3つのカテゴリー(U-12、U-10、U-8)があり、年齢にあわせたグラウンドの規格やルールで試合を行います。本書では各年代で共通する、「ラグビーを楽しく、安全に」プレーするための技術や上達するために必要なテクニック、日頃から実践できる練習法を紹介しています。

また、小学生のラグビー選手に必要な体力的な要素やマナー、ケガの予防といったラグビーに対する考え方もアドバイスしていますのでしっかりマスターし、将来のトップリーガーや日本代表を目指して頑張ってみましょう。

ワイルドナイツ
スポーツプロモーション
代表　三宅敬

がんばっている選手

堀江翔太

©KOICHIRO NOMOTO

プロフィール／1986年生まれ。11歳でラグビーを始め、U19日本代表に選ばれる。帝京大学卒業後は三洋電機（現・パナソニック）ワイルドナイツへ入団。2009年日本代表に初選出。2011年、2015年ワールドカップに出場。トップリーグMVPやベスト15を獲得。ワイルドナイツでは主将を務め、2016年からスーパーラグビーに参戦のサンウルブズにも所属。

メッセージ

小学生の頃は太っていましたが、動けるデブとして活躍していたと思います。中学生になると体も締まり、上手な選手の動きをモノマネしたり、スーパーラグビーの選手や先輩からも学ぶことで、さらに選手として成長することができました。僕自身は、ただラグビーが楽しくて、上達したい、上手くなりたいという理由だけで、ここまできました。

今は2019年ワールドカップに向けて、1つ1つ階段を上っていくことに集中しています。そして40歳になっても現役でプレーしたいですね。

みんなも「楽しむ、上達したい」という気持ちを忘れずにラグビーを頑張ってください。

たちへメッセージ

メッセージ

小さい頃から負けず嫌いで、できないことが悔しくて、どうやったらもっとうまくなるだろと考えながら、いつもラグビーボールを持って、家の前でパスやキック、ラン、タックルの練習をしていました。今は指導者として日々勉強中ですが、いつかコーチとして成長し、日本一のチームをつくり、世界で活躍できる選手を育てたいと思います。

みんなには、目標を立て、勇気を持ってチャレンジをして欲しいですね。うまくいかなくても諦めることなく継続し、自問自答を繰り返すことで成長できます。悔いの残らない選択をして充実した日々を送ってほしいと思います。

©KOICHIRO NOMOTO

霜村誠一

プロフィール／1981年生まれ。4歳でラグビーを始め、東農大二高校時代に全国高等学校ラグビーフットボール大会に出場。関東学院大学時代は全国大学選手権で優勝を経験。卒業後は三洋電機（現・パナソニック）ワイルドナイツへ入団。2004年日本代表に初選出。2009年ワイルドナイツの主将に就任し、日本選手権3連覇などに貢献。2016年現役を引退。

目次 -CONTENTS-

はじめに …………………………………………………………………… 2
がんばっている選手たちへメッセージ …………………………………… 4

PART 1　ラグビー上達のプロセス

インタビュー　元ラグビー日本代表三宅敬から子どもたちへ
個性・基本・マナーがラグビー上達へと導く ………………………… 10

PART 2　タックル&ラン

ポイント01　ボールを持って走る　タックルで止める ………………… 18
ポイント02　タックルする瞬間に低い姿勢で入る ……………………… 20
ポイント03　前に出て間合いをつめて当たる …………………………… 22
ポイント04　ヒザ立ちになって低い姿勢から当たる …………………… 24
ポイント05　腕に力を入れ過ぎず両手でボールを持つ ………………… 26
ポイント06　一歩踏み込んでから逆方向に抜ける ……………………… 28
ポイント07　スピードに強弱をつけて相手を抜く ……………………… 30
ポイント08　ギリギリまで引きつけて相手を押す ……………………… 32
ポイント09　ステップからの加速を体で覚える ………………………… 34
ポイント10　朝・昼・夕の3食がラグビー選手の体をつくる ………… 36

PART 3　ハンドリングスキル

ポイント11	ハンドリングスキルをあげてパスをつなぐ	38
ポイント12	ハンズアップで両手をあげる	40
ポイント13	足を踏み込み指先で弾いてパスする	42
ポイント14	回転をかけながらボールを押し出す	44
ポイント15	コンパクトな腕の振りですばやくボールを展開する	46
ポイント16	ヒザの力を使いながらサポートに入る	48
ポイント17	ヒジを引きあげて指先で弾く	50
ポイント18	半身になって足を開き両手でキャッチする	52
ポイント19	腰を落として正面でキャッチする	54
ポイント20	ハンズアップを維持しすばやくボールを回す	56
ポイント21	各ポジションを経験し役割や面白さを知る	58

PART 4　コンタクトプレー

ポイント22	密集で自分の役割を担ってプレーする	60
ポイント23	倒されたら体を伸ばし遠くにボールを置く	62
ポイント24	ボール上を通過してまっすぐ押す	64
ポイント25	味方をバインドしてモールを前に進める	66
ポイント26	相手の意識を集中させて後方の味方を生かす	68
ポイント27	タックルで倒れた相手のボールを奪う	70

PART 5　キック

ポイント28	ボールを蹴ってゲームを大きく展開する	72
ポイント29	足の甲に当ててタテ回転をかける	74
ポイント30	ヒザ下でコンパクトに振りインパクトする	76
ポイント31	ボールを傾けて持ち中心をヒットする	78
ポイント32	走りながら小さく蹴って自分でキャッチする	80
ポイント33	狙いどころをイメージしてインパクト位置と足の振りを変える	82
ポイント34	ヘッドギヤやマウスガードを着用（装着）する	84

PART 6　トレーニング

ポイント35	トレーニングの目的を意識して取り組む	86
ポイント36	体の軸をまっすぐキープする	88
ポイント37	股関節まわりの筋肉を鍛える	89
ポイント38	手と足の筋肉を鍛えて球際に強くなる	90
ポイント39	ミニハードルを使って敏しょう性をアップする	91
ポイント40	ミニハードルを使って横に細かくステップする	92
ポイント41	ラダーを使って敏しょう性をアップする	93
ポイント42	ラダーを使ってサイドステップを磨く	94
ポイント43	ジャンプの高さを抑えすばやく移動する	95
ポイント44	腰にタグをつけてラグビーの練習をする	96
ポイント45	握手した相手の腰にあるタグを奪う	98
ポイント46	相手の守備ラインをステップで突破する	99
ポイント47	ラグビーの動きをイメージしてゲームに挑戦	100
ポイント+α	ラグビーという競技を心から楽しむ	102

PART 7　ラグビー・ルール

ポイント48	カテゴリーごとに試合人数と時間が変わる	104
ポイント49	安全なピッチで選手が全力でプレーする	106
ポイント50	カテゴリーがあがると使う技術レベルもアップする	108

PART 1

ラグビー上達のプロセス
process

インタビュー

元ラグビー日本代表 三宅敬から子どもたちへ
個性・基本・マナーが

ラグビーは一人ひとりの「個性」が輝くスポーツ

　ラグビーにはたくさんの魅力がありますが、私が特にすばらしいと感じるのは、ラグビーが選手一人ひとりの「個性」を生かせるスポーツだということです。個性とは、その人の体格や体力、性格などの違いを指します。大人のトップレベルのチームを見ても、背が高い人、低い人、体重が重い人、軽い人、足が速い人など、一つのチームの中にさまざまなタイプの選手がいることがわかります。

　また、チーム全体の考えや気持ちを一つにまとめるリーダーシップを持つ

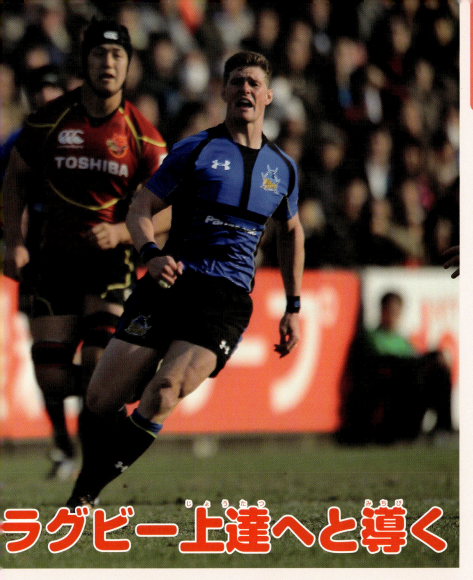

ラグビー上達へと導く

PART 1 ラグビー上達のプロセス

人、苦しいときにも雰囲気を明るくして前向きな気持ちを引き出してくれるムードメーカー、ボールを持つ機会がほとんどなくてもチームのために黙々とプレーを続けられる人など、さまざまな性格の選手が集まり、チームは成り立っています。こうした選手一人ひとりの個性を生かしながらプレーをすること、勝利を目指すことこそが、ラグビーの醍醐味でもあるのです。

これは、小学生ラグビーでも同じです。背が低くても、太っていてもやせていても、足が遅くても大丈夫。仲間と一緒に練習に取り組み、試合経験を重ねる中で自分の個性を磨いていけば、ラグビー選手として必ず成長できるし、

ラグビーがもっと楽しくなってきます。
　私自身を振り返ってみると、小さい頃は足は速い方でしたが、周りにはもっと速い人がいましたし、周りの人とコミュニケーションをとるのが苦手な少年でした。でも、小学生時代にラグビーと出会い、たとえ足が遅くても、チームのためにできることがたくさんあるんだと気づきました。また、練習や試合を通してラグビースクールのコーチやチームメイトとよく話すようになり、気がつけば苦手を克服するどころか、人とコミュニケーションをとることが得意な選手に変わっていました。何よりプレーすること自体がとても楽しかったし、大好きなラグビーをもっと楽しみたい、もっと良い選手になりたいという思いでプレーし続けるうちに、自分の「個性」を深く知り、少しずつ磨いて上達することができたのだと思っています。

「基本」の体得がラグビー上達のポイント

　ラグビーを楽しむために、また、試合で活躍できる選手になるために、小学生の頃にしておくべきことは何でしょうか。試合のルールやポジションの特性を覚える、プレーごとの体の動かし方やボールスキルを磨く、体力を高めるなどが挙げられますが、それらすべてに共通して忘れないでほしいのが、**「基本」を大切にすることです。まずはコーチから最初に教わる基本動作をしっかりと覚え、練習を積み重ねることで、それらを「当たり前のプレー」として、いつでも自然にできる選手になることを目指しましょう。**

　この本の中でも、ランやタックル、ハンドリングスキル、キック、トレーニングに関して、それぞれの基本を詳しく紹介しています。すぐにはできなくても、何度も繰り返すうちにきっとできるようになります。

　試合のルールを覚えるうえでも、基本を大切にすることがとても重要です。ラグビーのルールは他のスポーツよりも細かくてむずかしい点もありますが、それは試合中の危険なプレーによるケ

PART 1 ラグビー上達のプロセス

ガを防いだり、攻撃や守りがスムーズに行えるようにと定められたものであり、選手がルールを守ることで、ラグビーをより安全に、のびのびとプレーできるようになっているのです。

まずはパスやタックル、オフサイド、ラインアウトなどでの「してはいけないルール」を覚え、練習で確かめてみましょう。失敗したら、何が原因だったのかを教えてもらい、忘れないようにします。それでもまた失敗してしまうことがありますが、練習を続けていけばだんだん失敗が減り、頭の中でいちいちルールを思い出さなくても、自然に体がルールを守りながら動くようになってきます。

これは各ポジションの特徴や役割を覚えるうえでも同じです。どのポジションでも基本となるのは、チームが試合で得点するために、または、失点しないようにするためには、何をしたらよいのかをよく考え、準備しておくことです。**練習や試合で実際にプレーしながら考えるだけでなく、チームメイトや相手選手がプレーしている様子をグラウンドの外から観察して、各ポジションのプレーの良い点、悪い点を自分なりに探ってみるといいでしょう。**

では、ラグビー選手としての体力を高めるうえでの基本とは何でしょうか。大人の場合、チーム練習以外に個人で筋力トレーニングをしたり、たくさん

こと。そのために必要な3つの要素として、私がラグビーを教えている子どもたちに伝えているのは、「あいさつ」と「感謝」、そして「礼儀」です。

一つめのあいさつは、「おはよう」「いってきます」「こんにちは」「ただいま」「おやすみなさい」といった身近な人に対する声かけです。これがなぜラグビーに関係するのかと言うと、あいさつが人と人との心をつなぐコミュニケーションの基本だからです。自分から積極的にあいさつをすれば、相手は「あ、この人は私とコミュニケーションをとろうとしているんだな」と感じます。そして、あいさつを返したり、会話したりする中で、お互いの気持ちがより深くわかるようになります。

ラグビー選手として良いプレーをし、試合で勝利をつかむためには、攻撃と守りのどちらにおいても、チームメイト同士のコミュニケーションが活発に行われることが絶対に必要です。また、レベルの高い選手ほどコミュニケーション能力も高いものです。選手同士があいさつすら交わせないようでは、試合で活発なコミュニケーションは決して生まれず、ちぐはぐなプレーばかりになって失敗も増えてきます。

まずは一番身近な親やきょうだいに毎日あいさつすることを心がけ、学校

走ったりしますが、小学生の場合は、その日に取り組む練習メニューを、手を抜かずに最初から最後までしっかりやり抜くことで十分だと思います。

チームメイトとおしゃべりしたりふざけ合ったりするのは、練習が始まる前や終わった後。グラウンドに入ったらコーチの話を聞きもらさないようにして、チームメイトとはラグビーに関する話だけするようにします。そうして練習に集中し、全力でプレーする。練習が終わったときに体がクタクタで、今日も頑張ったなと思えればOK。何週間か経つうちに基礎体力はめきめきと上がってくるはずです。

ルールだけでなく「マナー」も守ろう

ラグビーにはさまざまなルールがありますが、ラグビー選手にはルール以外にも守らなくてはならないものがあります。それは「マナー」です。マナーとは、わかりやすく言うと、相手を敬い、迷惑をかけないように行動する

の友だちや先生、チームメイト、コーチやグラウンドの周りにいる大人にも自然にあいさつができるようにしましょう。最初は恥ずかしいかもしれないけれど、すぐに慣れて「あいさつって気持ちいい！」と感じるはずです。

　二つめの感謝は、「ありがとう」だけでなく、食事のときの「いただきます」「ごちそうさま」、失敗したり約束やルールを破ったりしたときに素直に謝る「ごめんなさい」も含まれています。これらは、あいさつと同じように、相手とコミュニケーションをとり、お互いの良い関係を保つためには、とても大切な言葉です。ラグビーの練習や試合でも、「ありがとう」や「ごめんな」とチーム内で積極的に声をかけ合うことで、もっと頑張ろうというやる気がわいてきます。それが団結力を高めることにつながり、チームとしての強さにもなるのです。

　三つめの礼儀は、相手を敬い、それを行動や態度にあらわすことです。敬うとは「大切にすること」だと考えればいいでしょう。チームメイトやコーチ、他のチームの選手といった人だけでなく、たとえば身につける服やシューズ、バッグやボールなどの用具、グラウンドに対しても大切に扱ったり接したりすることも礼儀のうちです。さらには、試合で自分のチームだけでなく、相手チームの良いプレーについても拍手を送る、あるいは、相手の失敗を喜んだりしない、といったことも礼儀であり、ラグビーの一部だと言えます。なぜこうした礼儀が必要なのか。その理由は、ラグビーを象徴する有名な「ノーサイドの精神」にあります。

ノーサイドの精神こそがラグビー選手の誇り

　ラグビーのノーサイドとは、試合終了を意味し、「ノーサイドの精神」は、レフリーによる試合終了の合図とともに、勝者と敗者、味方と相手チームの区別をなくし、選手同士でお互いに健闘をたたえ合うことです。負けたくやしさを引きずっていたり、勝ったうれ

PART 1 ラグビー上達のプロセス

15

しさを相手に見せつけたりするようでは、ラグビー選手としては失格だし、上達も遠のいてしまいます。勝っても負けても、相手がいるからこそ試合ができたことや、ラグビー選手として成長するきっかけを与えてくれたことを感謝し、お互いに励まし合う、これこそがラグビーというスポーツの最もすばらしい特長であり、ラグビー選手の誇りなのです。

　このノーサイドの精神の土台となるのが、礼儀であり、日頃の生活や練習でマナーを守ることです。それが当たり前にできていれば、試合中のフェアプレーにもつながっていきます。フェアプレーとは、ルールを守るだけではなく、相手を敬い、マナーも守ってプレーすることです。

　ルールには破ったときのペナルティ（罰則）がありますが、マナーにはペナルティがありません。しかし、だからと言って選手がマナーを守らなければ、試合がどんどんつまらなくなり、ケガの危険性も高くなります。そして、ノーサイドの精神にも結びつきません。だからこそ、ラグビーでは、大人も子どもも関係なく、選手全員がルールだけでなくマナーもしっかり守ってプレーすることが大切なのです。

　ラグビーの上達を目指す皆さん、どうかノーサイドの精神を忘れずにプレーを続け、強いだけでなく、周りから愛されるすばらしいラグビー選手になってください。私も応援しています！

PART 2

タックル&ラン

tackle&run

ポイント 01 レベル ★☆☆ 基本プレー

ラグビーの攻撃と守備の基本

ボールを持って走る
タックルで止める

レベルアップ
ラグビーは、ボールを持って相手陣にトライすると得点となる。攻撃側の「ボールを持って走る」プレーと守備側の「ボールを持って走る相手を止めるタックル」の基本をマスターすることが第一歩となる。

正しいフォームを身につけてケガを防ぐ

ラグビーは密集でのボールの奪い合いやボールを持っての突進、それを止めるタックルなど選手同士が激しくぶつかり合う、格闘技のような一面も魅力なスポーツだ。小学生の試合でも激しいボディコンタクトがあるため、**それに負けない体をつくり、正しいフォームを身につけてケガを防ぐことが大切だ。**

そのなかで「ボールを持って走る」「相手を止めるタックル」という2つは、ラグビーの基本中の基本プレー。まずは正しいフォームと動作のコツを理解して、より実戦的なプレーにステップアップできるよう取り組んでいこう。

ここがポイント！
試合が終われば敵味方なく「ノーサイド」

ラグビーでは常にフェアプレー精神でのぞむことが求められる。試合が終われば敵味方を区別しない「ノーサイドの精神」で健闘を称えあうことがラグビーの基本理念だ。

コツ ボールを持って走る

ラグビーは、ボールを持って相手陣にトライすると得点となる。

コツ 相手をタックルで倒して止める

タックルは勇気が必要なプレー。正しいフォームでケガを防ぐ。

PART2 タックル&ラン

ポイント02 基本タックル

レベル ★☆☆

正面からくる相手を止める

タックルする瞬間に低い姿勢で入る

レベルアップ

フロントタックルは、タックルの基本テクニック。正面からボールを保持して走ってくる相手にタックルし、進行方向とは反対側に相手を倒す。頭をあげてタックル直前に低く入る基本を身につける。

相手を進行方向の反対側に倒す

　フロントタックルは、タックル寸前に低い姿勢になって相手の視界から消え、相手の両足を自分の両腕でつかんで、自分の体に引きつける。

　このとき顔は前をしっかりと向け、肩から背中、腰、ツマ先を一直線になるよう「強い姿勢」を維持することがポイント。

　相手と当たる肩側の足を前に踏み込むことで、より強い力を出すことができる。

　そのままの姿勢で前進するように足を動かし続け、最後は相手の進行方向とは反対側に倒し、相手の上になることが大切だ。そうすることで、タックル後のプレーにすばやく移ることができる。

コツ 伸ばした背中と地面を平行にする

ここがポイント！
頭をあげて自分から当たりにいく

フロントタックルではボールキャリアーを視界にとらえたら、顔をしっかりあげて間合いをつめ、自分から当たりにいく。

コツ 相手を反対側に倒して上になる

タックル後、相手に上へ乗られてしまうと、次のプレーに遅れてしまう。

PART2 タックル&ラン

ポイント03 サイドタックル

レベル ★☆☆

横からタックルに入る

前に出て間合いをつめて当たる

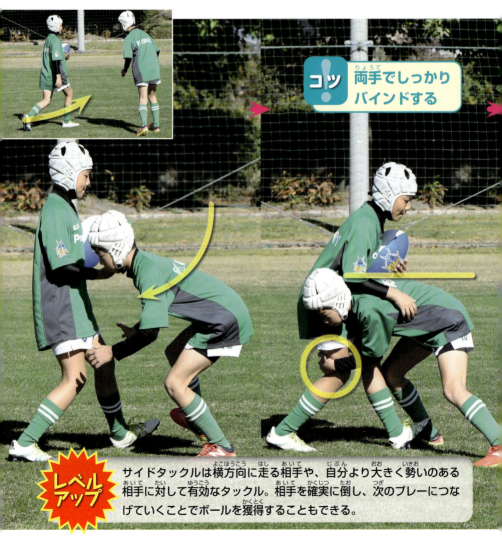

コツ 両手でしっかりバインドする

レベルアップ
サイドタックルは横方向に走る相手や、自分より大きく勢いのある相手に対して有効なタックル。相手を確実に倒し、次のプレーにつなげていくことでボールを獲得することもできる。

足を踏み込み両手でバインドする

　実際の試合では真正面から相手にタックルするよりも、タックルをかわすような相手に対し、横から当たりにいくことが多い。サイドタックルは、ボールを持つ相手の横方向から倒すタックル。

　ステップを切ってかわそうとする相手に対し、足を動かして前に出て間合いをつめ、タックルできる距離に入ることがポイント。そこから相手に当たる側の足を踏み込み、両腕で相手をしっかりバインドする。

　タックルした後も足を止めず相手を倒し、すばやく立って次のプレーの準備をすることが大切だ。

ここがポイント！

タックル後はすばやく立つ

タックルで相手を倒したら、すばやく立ちあがり次のプレーの準備に入る。

そうすることで相手ボールを獲得して攻撃するチャンスが生まれる。

コツ！「逆ヘッド」にならず相手の尻に頭をつける

相手に頭を蹴り上げられないよう注意しよう。尻に頭をつけるように当たる。

ポイント04 タックル練習

レベル ★☆☆

基本を反復してマスターする
ヒザ立ちになって低い姿勢から当たる

ヒザをついたタックル練習

ヒザ立ちになって正面からくる相手の足をしっかりつかむ。

つかんだ足を強く引き、相手を後方に倒す。

レベルアップ

大きな体の相手でも、低くタックルに入ることで止めることができる。しかし初心者にとってタックルは勇気がいるプレー。段階的にレベルアップすることで理想のタックルを身につけることができる。

ヒザ立ちになって低いタックルをイメージ

タックルをうまく決めるためには、まず自分から前に出て当たること。さらに相手の腰より下に低く入り、足をつかんで足を動かし、倒すことがポイントだ。基本的なフロントタックルの練習では、最初からヒザ立ちになって「低く入る」状況をつくる。そうすることで理想的なタックルの体が沈んだところからの目線をイメージしやすくする。

横方向に走る相手に対しては、相手を視界にとらえ斜め前に出て、相手の横からタックルに入る。タックルするときは相手の尻と自分のホホをつけるように当たる動作を覚える。

PART 2 タックル&ラン

サイドタックルの練習

横方向にいく相手を視界にとらえ、斜め前に出てタックルの準備。足を踏み込み、相手の尻に自分のホホをつけるように当たり、相手の足をしっかりつかんで強く引く。

コツ 足を踏み込む

ポイント 05

レベル ★☆☆

ラン

ボールの持ち方と走り方

腕に力を入れ過ぎず
両手でボールを持つ

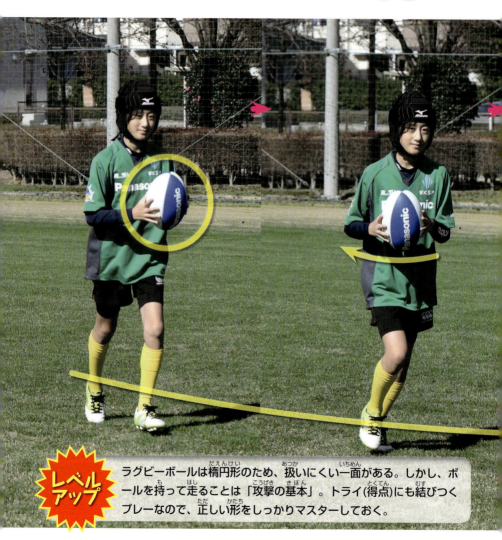

レベルアップ

ラグビーボールは楕円形のため、扱いにくい一面がある。しかし、ボールを持って走ることは「攻撃の基本」。トライ(得点)にも結びつくプレーなので、正しい形をしっかりマスターしておく。

両手でボールを持ちしっかり保持する

ボールの持ち方は、走りのスピードやパスの精度にも大きな影響を及ぼす。基本的なラグビーボールの持ち方は両手で、指先を開いてできるだけボールを手のひらで覆うように持つことがポイント。指先に力を入れ、腕や肩、体が力まないようにすることも大切だ。

ボールを持っているときは、相手にタックルされる危険があるので、ボールを奪われないよう警戒し、相手(タックラー)の位置を意識すること。走るときは胸の前あたりで、両手の親指を上に向けて持つと、走りながらでもボールをしっかり安定させることができる。

PART 2 タックル&ラン

コツ リラックスしてボールを持つ

ここがポイント！

腕を軽く左右に振る

ボールを持って走るときは、前傾姿勢をキープする。肩と腕をリラックスさせることで、ボールを持ちながら腕を左右に振り、走るスピードを加速させる。

コツ ボールが近すぎると腕を動かしづらい

ボールが近すぎると、走るときに腕が振れず、パス動作にも移りにくい。

ポイント 06 サイドステップ
レベル ★★☆

横へのステップで相手を抜く

一歩踏み込んでから逆方向に抜ける

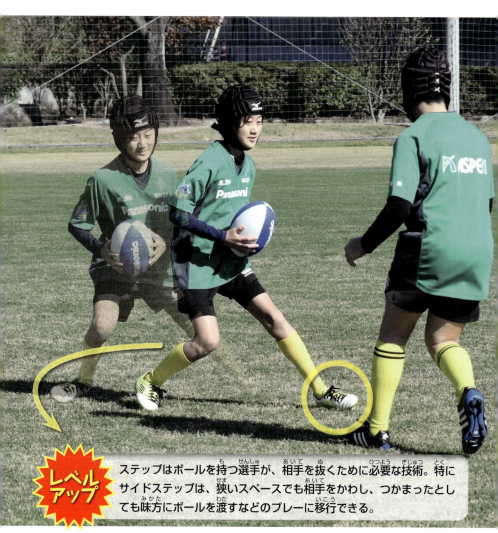

レベルアップ
ステップはボールを持つ選手が、相手を抜くために必要な技術。特にサイドステップは、狭いスペースでも相手をかわし、つかまったとしても味方にボールを渡すなどのプレーに移行できる。

急激な方向転換で相手を抜く

サイドステップはある程度のスピードを維持しつつ、急激な方向転換で相手を抜いていくテクニックだ。

サイドステップをするときは、**抜こうとする方向とは逆に、まずステップを踏み、その足を強く蹴って反対側に抜いていくことがポイント**。相手は一歩目のステップに対して重心を移動し、バランスを崩してしまうため、つかまえにくい。サイドステップを上手に決めるためには、できるだけ姿勢を維持し、下半身の力で動作すること。はやい段階で上半身が抜いていく方向に向いてしまうと、相手にもバレてしまうので注意。

ここがポイント！
スピードの緩急で一気に抜き去る

ディフェンダーに向かうように走りながら、一旦スピードを緩めて足を踏み込む。そこから相手を抜く瞬間に一気に加速すると効果的だ。

コツ 相手との間合いを意識してステップする

サイドステップを繰り出すタイミングは、相手との間合いも大切。相手から1m程度の距離でステップを踏むと良いだろう。

コツ 間合いを間違うと成功しない！

遠すぎると相手はついてくるし、近すぎるとつかまれてしまう。

PART2 タックル＆ラン

ポイント 07 レベル ★★☆ スワープ

弧を描くように相手を抜く
スピードに強弱をつけて相手を抜く

レベルアップ
スワープは外にスペースがあるとろで、スピードを加速しながら、「弧を描く」ように走る方向を変えるステップ。相手を抜くことができれば、一気にトライまで持ち込むこともできる。

スペースがあったらスピード勝負に持ち込む

スワープは前方に広いスペースがあるときに、スピードの強弱で抜き去っていくステップ。自分に対し、タックルしようとする相手に対して、一度は体を同じ方向に向けて走り、相手が間合いをつめようとしてきた一瞬の隙を狙い、違う方向に向かってスピードをアップして相手を抜き去る。

スピードに強弱をつけることはもちろん、スピードを緩めて一度は縦にいくような動作で、相手を惑わすこともポイント。足の速い選手がサイドライン際を一気に走り抜けることができれば、トライまで持ち込むことができる。

コツ 一気に加速する

ここがポイント！
弧を描きながら一気に加速する

スワープはスピードの強弱が大切。弧を描きながら加速したら、数歩でトップスピードに入って相手を抜き去る。

コツ 斜めに走ると相手につかまる

最初から抜く方向に直線的に走ってしまうと、相手にコースを読まれて先回りされてしまう。

ポイント 08 レベル ★★☆ ハンドオフ

相手を押してタックルをかわす

ギリギリまで引きつけて相手を押す

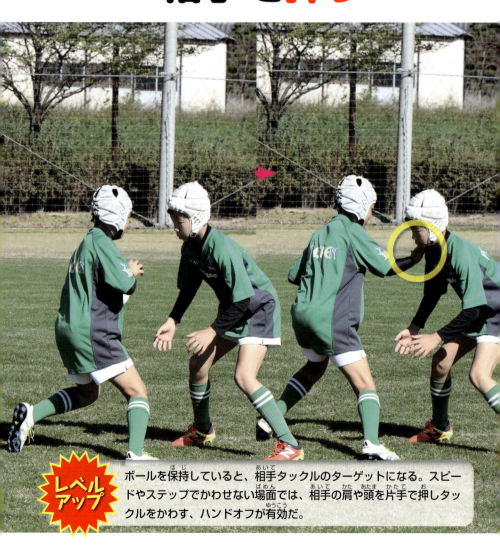

レベルアップ

ボールを保持していると、相手タックルのターゲットになる。スピードやステップでかわせない場面では、相手の肩や頭を片手で押しタックルをかわす、ハンドオフが有効だ。

空いている手で
相手の肩を押す

　相手が自分にタックルする動作に入ったら、タックラー側とは逆の手でボールを抱え込む。このときノックオンしないように、しっかり抱え込むこと。同時に相手の方にやや体を倒して、ハンドオフの力を伝えられるよう準備に入る。

　相手がタックルするために腕を伸ばしてきたら、ヒジを伸ばして手のひらで相手の肩や頭を押す。このとき相手との間合いを意識しつつ、手を伸ばすタイミングはギリギリまで引きつけることがポイント。早いタイミングで腕を伸ばすと、逆につかまれてしまう。

ここがポイント！
相手を押しながら走りを加速させる

ハンドオフは走りながら使うことが多い。相手の体を手で押すことにより、自分のランをさらに加速することができる。

PART2 タックル&ラン

コツ 相手タックルを見極めて手を伸ばす

相手タックルに勢いがあるときは、ハンドオフは効果的ではない。相手から遠い腕でボールを持ち、近い方の手で相手の肩あたりを押す。

コツ ギリギリでハンドオフする

はやいタイミングで手を伸ばしてしまうと、相手に腕をつかまれてしまうので注意。直前まで両手で持っていれば「パス」の選択肢もあるため相手を惑わすこともできる。

ポイント 09 — レベル ★☆☆ — ステップ練習

細かいステップやターンの技術を磨く

ステップからの加速を体で覚える

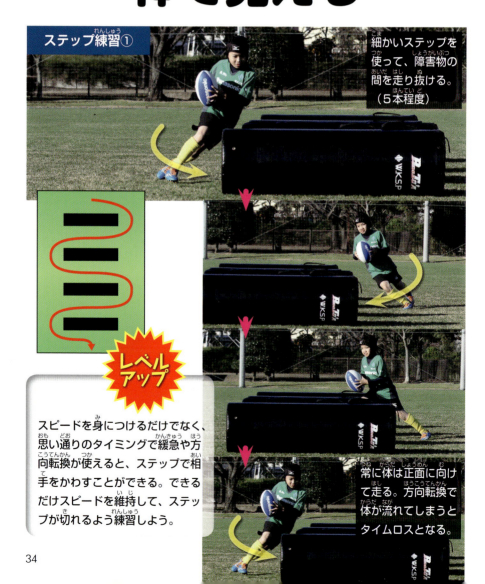

ステップ練習①

細かいステップを使って、障害物の間を走り抜ける。（5本程度）

常に体は正面に向けて走る。方向転換で体が流れてしまうとタイムロスとなる。

レベルアップ

スピードを身につけるだけでなく、思い通りのタイミングで緩急や方向転換が使えると、ステップで相手をかわすことができる。できるだけスピードを維持して、ステップが切れるよう練習しよう。

障害物をかわしながらステップを切る

相手を抜くときに「武器」になるのがスピードだ。しかし、走る速さは練習を積むだけでは、なかなか獲得できない。ステップを工夫してスピードに強弱をつけたり、急な方向転換でも体のバランスを崩さず、走り抜くことが大切だ。

ステップの上達は、コースに障害物を設け、その間を抜けていくトレーニングが効果的。狭い空間をトップスピードでターンする技術や左右へのすばやいサイドステップでスピードの強弱をマスターする。最初は障害物の間隔を空けてできるだけ速く走り、上達したら間隔をつめていく。

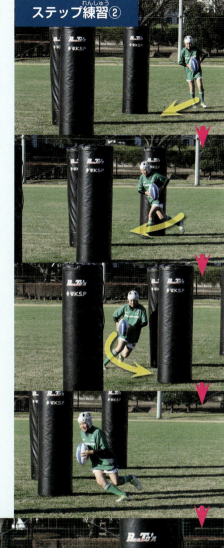

ステップ練習②

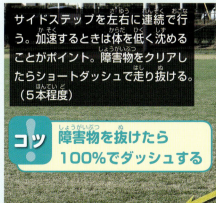

サイドステップを左右に連続で行う。加速するときは体を低く沈めることがポイント。障害物をクリアしたらショートダッシュで走り抜ける。（5本程度）

コツ！ 障害物を抜けたら100%でダッシュする

PART2 タックル&ラン

ポイント10 ラガーマンの食事

レベル ★☆☆

食事

朝・昼・夕の3食がラグビー選手の体をつくる

ラグビー選手に必要なパワーやスタミナ、スピード。その基となるものは何だろうか。答えは「食べ物」。食べ物にはさまざまな栄養が含まれ、体内にとり入れることで、骨や筋肉などをつくる材料にも、体を動かしたり脳を働かせたりするエネルギーにもなる。

体内の栄養素が不足していると、いくら頑張って良いプレーをしようとしても、体の動きが鈍くなったり、疲れやすくなったり、判断力が落ちたりして、満足するプレーができなくなる。また、ケガや病気に対抗する力も弱まるので、治りの遅さや風邪をひきやすさにもつながってしまう。

栄養不足を防ぐために大切なのは、朝・昼・夕の3度の食事を毎回なるべく残さずにしっかりとることだ。ごはんやおかずをおかわりするのももちろんOK。苦手な食べ物があったら、量を減らしてもらってもいいのでチャレンジしよう。たったこれだけでも1週間、1ヵ月、1

年…と続けていくと、残したときと残さないときでは、体の成長に大きな差が出てくる。

お菓子やジュースも食べ物だが、おやつとして食べすぎてしまうと、とれる栄養が偏ったり、食事での食欲が落ちたりして、結局、栄養の種類や量が不足しやすいので注意が必要だ。

「食」という字は、分解すると「人を良くする」と読める。グラウンドで元気良く、格好良くプレーするために必要な体の材料、エネルギー源としてとらえ直し、毎日の食事に向き合ってみよう。

PART 3

ハンドリング
スキル

handling skill

ポイント11 レベル ★☆☆ パスとキャッチ

ラグビーボールに慣れる

ハンドリングスキルをあげてパスをつなぐ

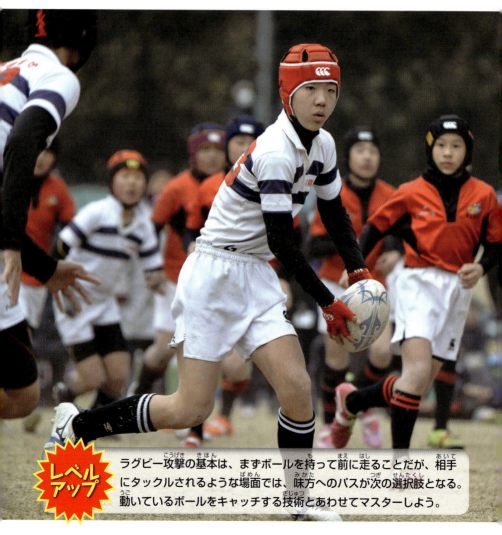

レベルアップ

ラグビー攻撃の基本は、まずボールを持って前に走ることだが、相手にタックルされるような場面では、味方へのパスが次の選択肢となる。動いているボールをキャッチする技術とあわせてマスターしよう。

味方がキャッチしやすいパスを心がける

パスを成功させるためには、味方がキャッチしやすいことが大事。味方を生かすためのパスにするためには早い軌道で、受ける選手がキャッチした途端にタックルを受けてしまうようなタイミングは避けなければならない。

またパスにはいくつか種類があり、近くにいる味方には回転をかけない「ストレートパス」、ある程度の距離にいるときには「スピンパス」、相手の意表をつき、後方にいる味方に出す「バックフリップパス」など、状況によってもパスの技術を使い分ける。

ここがポイント！
パスを受けるための準備を整える

パスを成功させるには「受け手」側にもコツがいる。まずパスを受ける前に味方に自分がいることを声で伝えること。そのとき両手をあげてキャッチの「C」の形にして、正確にパスをキャッチできるよう準備することが大切。

PART 3 ハンドリングスキル

コツ ポジションによってパスを使い分ける

スクラムハーフなどポジションによっても使うパスの技術がある。

コツ 動くボールを正確にキャッチ

パントのような浮き球やキックなどのゴロでもキャッチ技術が必要。

ポイント12 キャッチ
レベル ★☆☆
パスの受け方の基本形をつくる
ハンズアップで両手をあげる

レベルアップ
キャッチする際に、ボールを前に落としてしまうとノックオンという反則となる。ボールを落とさないためには準備が大切。「ハンズアップ」という手をあげた状態をいち早くつくることでミスが減る。

すばやく両手をあげてパスを受ける準備をする

どんなに良いパスがきても、受け手がボールを前に落としてしまうと相手ボールとなってしまう。パスを生かすことができるのもキャッチ次第といえる。

基本は「ハンズアップ」という両手を胸の高さまであげた状態をすばやくつくること。そうすることでボールを正確にキャッチでき、捕ったボールをすばやくほかの選手にパスしたり、しっかり持ち直して自らのランに移行するなどプレーの選択肢が広がる。逆にハンズアップができていないと、味方選手がパスを受ける準備がないと判断し、ほかのプレーを選択してしまう。

ここがポイント！
味方への「パス！」の声掛けで準備を完了する

パスを受ける前のハンズアップとセットになるのが「声」。受け手は味方選手に「パス！」と声をかけることがポイント。そうすることで味方選手が迷うことなく、構えたところにパスをコントロールできる。

PART 3　ハンドリングスキル

コツ　片足を前に出して構える

腕は伸ばしきらずヒジにややゆとりを持つ。足は揃えず片足を前に出す。

コツ　両手でオムスビの形をつくる

ハンズアップした手でチャッチの「C」の形をつくる。両手でオムスビをつくる。

ポイント 13 レベル ★☆☆ ストレートパス

まっすぐ飛ぶパスを投げる

足を踏み込み指先で弾いてパスする

コツ 投げる方向に足を踏み込む

レベルアップ

ストレートパスは近い距離にいる相手に、ボールに回転をかけずに出すテクニック。相手からの激しいコンタクトがあるなかで、正確に相手へと渡すことができるパスとして活用できる。

腕の振りを使ってボールに回転をかけず投げる

PART3 ハンドリングスキル

ストレートパスは、まず手のひら全体でボールをつかんで、ボールのやや下を持つ。そうすることで軌道がブレない正確なパスを投げることができる。

パスを出すときは、足を踏み込みながら、腕の振りを使ってボールに回転がかからないように、相手が捕りやすいパスを投げるのがポイント。リリースするときは、指で軽く弾きフォロースルーをきっちりとる。

ボールをつかんでから、できるだけ早いタイミングでパスを出せるようになると、受ける選手の相手からのプレッシャーを軽減できる。

ここがポイント！

投げる方向に足を踏み込む

味方にパスを出すときは、投げる方向にしっかり足を踏み込むことが大切。腕や手でコントロールしようとすると、ボールに不規則な回転がかかってしまうので注意。

コツ 指先で弾いてパスに勢いをつける

リリースの瞬間は指先でボールを押し出し、指先で弾くようなイメージ。

ポイント 14 レベル ★★☆ スピンパス

回転をかけて遠くに投げる

回転をかけながらボールを押し出す

レベルアップ
ストレートパスより、遠くに投げるときに使うのはスピンパスだ。スクリューパスともいい、ボールに回転をかけて飛ばす。長い距離を正確にパスすることができれば、大きなチャンスをつかむことができる。

規則正しい回転の
パスをコントロールする

ストレートパスと同じように手のひら全体でボールをつかみ、投げる方の手はやや下側を持つ。一方の手は添えるだけのイメージ。腰横でボールを構え、ボールの先端をターゲットに向けて押し出すように腕を振り、投げた後は親指が上方を向く。そうすることで**パスを送る相手に対し、規則正しい回転の正確なパスを出すことができる。**

試合では展開を変えるために、より遠くに飛ばさなければならない。そのためには下半身の力を上半身に伝え、強く速いパスを送ることが大切だ。

ここがポイント！
ボールのやや下側を手のひら全体で持つ

スピンパスは、投げる方の手をストレートパスよりも、やや下側を持つことがポイント。手のひら全体でボールをつかみ、もう一方の手は添えるようなイメージで持つ。

PART 3 ハンドリングスキル

コツ ボールの先端をターゲットに向ける

腰横でボールを構え、ボールの先端をパスのターゲットに向ける。

コツ 投げた後フォロースルーをとる

回転のかけ方のコツをつかむまでは、近い相手に片手だけで投げる練習も効果的。フォロースルーをとろう。

ポイント 15　レベル ★☆☆　ハーフパス①

ハーフパスの基本を覚える
コンパクトな腕の振りですばやくボールを展開する

レベルアップ

密集にあるボールを地面から拾い、すばやくパスするのがハーフパスだ。特にスクラムハーフの選手に求められるテクニック。マスターすることで攻めのスピードがアップし、攻撃を自在に組み立てることができる。

状況を見極めて攻撃の方向を判断する

地面にあるボールを拾ってからのパスとなるため、まずボールに対してのアプローチがポイント。ヒザを曲げ、腰の位置を落としてボールを拾うことが大切だ。そうすることで目線が高くなり、周囲の状況をしっかり把握できる。これは味方や相手の陣形をみて、的確な方向へのパスを選択するスクラムハーフには必須のテクニック。投げるときは、ターゲットに対して足の先を向けておくことでコントロールが定まる。大きなバックスイングはとらず、コンパクトに腕を振り投げる方向にボールを送り出す。

PART 3 ハンドリングスキル

コツ コンパクトなフォームで投げる

ここがポイント！
的確な方向にパスを出してチャンスを広げる

ハーフパスはその名の通り、スクラムハーフが多用するパス。左右どちらの方向にも。両手でパスできることが大切だ。的確な状況判断と速いテンポのパスから、巧みにゲームをつくっていこう。

コツ ヒザが伸びていると目線が下になってしまう

突っ立った状態でボールを拾いに行くと、目線が下を向き状況判断が遅れる。

ポイント 16 レベル ★★☆ ハーフパス②

ハーフパスからサポートに入る

ヒザの力を使いながらサポートに入る

レベルアップ

スクラムハーフが密集からボールを拾い、パスで展開するとそこから攻撃がはじまる。パスを受けた選手が相手につかまれば、スクラムハーフはパスの動作の流れで、いちはやくサポートに入る。

PART 3 ハンドリングスキル

コツ 後ろ足に近いところでボールを拾いあげる

ボールを拾うときは、パスする方向に対して、後ろ足に近い方がそのまま強いパスが出せる。前足に近いとパスに勢いがつきにくく、強いパスを出そうとするとバックスイングが大きくなってしまう。

コツ ヒザのパワーを使いながらサポートの動作に移る

曲げたヒザを伸ばしながらパスを出す。下半身のパワーを生かすことで強いボールが投げられるようになり、その勢いでサポートの動作に移ることができる。

ポイント 17 レベル ★★★ バックフリックパス

相手の意表をついてパスをする

ヒジを引きあげて指先で弾く

レベルアップ
ボールを保持している選手が、背中越しに投げるのがバックフリックパスだ。うまく決まり、相手の意表をつくことができれば、後にいてパスを受けた選手は自由に走ることができる。

できるだけ正面を見て相手の意表をつく

バックフリックパスは、ボールを持っている選手のサポートや後ろから走りこんできた選手に対して出すと有効。相手守備をまどわすことができれば、**ディフェンスの対応が遅れ、パスを受けた選手は積極的にランを仕掛けることができる。**ボールを片手に持ち替えて、指先で弾くようにして後ろへパスする。このときできるだけ目線は正面に向け、後ろへのパスをさとられないようにすること。

味方の「パス！」という声を頼りに、味方選手の走り込んできたスピードが落ちないタイミングで、パスをコントロールすることがポイントだ。

PART 3　ハンドリングスキル

コツ　相手をブロックしながらパス

ここがポイント！
ハンドオフで相手をブロックしながらパス

実戦では相手が至近距離にいたり、タックルを仕掛けてくることもある。このときはハンドオフで相手をしっかりブロックしながら、空いている手からバックフリックパスを行うと効果的。

コツ　ヒジをあげてボールをリリースする

パスを出すときは指先の弾きと同時に、ヒジを上に引きあげてリリースするとボールが上手に浮く。ヒジが伸びた状態では地面に向かって落ちてしまう。

ポイント 18 レベル ★★☆ パントキャッチ

飛球をキャッチする

半身になって足を開き両手でキャッチする

レベルアップ キックされたボールや高くあがったボールをキャッチする場合は、不規則なボールの変化にも対応できることが求められる。確実にキャッチしてマイボールからの攻撃が仕掛けられるよう準備しよう。

両手をあげて胸のあたりでキャッチする

パントキックなどはボールが高くあがり、不規則な回転をしてボールが落ちてくることもある。コンディションによっては雨や風などの影響を受け、さらにキャッチが難しくなるので基本をしっかりマスターしておく。落下点を予測し、ポイントに入ったら両手を上にあげてボールを待つ。このとき足を前後に開いて半身になることがポイント。

ボールが落ちてきたら、そのまま胸の前で両手を使って受け止めキャッチする。キャッチした後は、タックルされても落とさないようにヒザを曲げて腰を落としボールを保持する。

ここがポイント！
半身になることでノック・オンを防ぐ

半身になって足を開き、構えることで仮に捕球ミスしても前にボールを落とす「ノック・オン」の反則になりにくい。バックスの選手には、キャッチ後にアタックに移り、ランで駆け抜ける能力も必要。

PART 3 ハンドリングスキル

コツ 棒立ちでキャッチの準備をしていない

棒立ちになった姿勢ではボールに対しての目測を誤ってしまう。

コツ ヒジが外に開くと捕球ミスにつながる

ヒジが開いた状態では、落下してくるボールが両腕の間から落ちてしまう。

ポイント 19 レベル ★★☆ ゴロのキャッチ

転がってくるボールのキャッチ

腰を落として正面でキャッチする

レベルアップ
ラグビーボールは楕円形のため、一度地面にバウンドすると不規則な動きで弾んだり、転がってくる。相手が蹴ってきたボールに対し、冷静に対処することができればマイボールからの攻撃が可能になる。

PART3 ハンドリングスキル

冷静に対処してチームの攻撃につなげる

ゴロのキャッチは相手が陣地を進めるために、キックした場面で使うことが多い。そのため必要以上に相手のプレッシャーを感じることはない。冷静に対処することが大切だ。

転がってくるボールに対してなるべく正面に入り、ヒザを曲げて腰を落とすこと。ボールの回転と弾む方向を予測しながら、ワキを締め、上半身をある程度、柔軟にしながらボールをキャッチしにいく。しっかりボール保持し、相手からのプレッシャーがなければすばやくランで攻撃を仕掛ける。

コツ 両手でしっかりキャッチする

ここがポイント！

足を前後に開き攻撃の準備をする

足を前後に開くことがポイント。その方が捕球後にランをする場合はスムーズに移行できる。逆に相手からのプレッシャーがある場合は、キックでボールをサイドに蹴りだすことも方法のひとつ。

コツ ヒザが伸びているとボールの変化についていけない

手だけでいき、ヒザが伸びきってしまうと、不規則なボールの転がりに対処できない。

ポイント 20

レベル ★☆☆

パス練習

基本練習でハンドリングを上達する

ハンズアップを維持しすばやくボールを回す

サークルパス

選手が円になって横の選手に順番にパスする。内回り・外回り両方向で行う。

ラグビーのパスは、進行方向とは逆の後ろに出さなければならない。楕円形という特殊な形のボールをコントロールし、味方に確実につなぐためには、基本的なトレーニングを繰り返し行う必要がある。

状況を変えてパスの感覚を身につける

PART 3 ハンドリングスキル

前に出せないというラグビーのパスのルールを感覚的に身につけることが大切。練習中の動作では「ハンズアップ」という、手をあげパスを受けるときの構えを徹底し、キャッチしたボールはすばやく味方の選手にパスする。パスを受ける前には味方に「パス！」と声をかけることも大切だ。

左ページのウォーミングアップでは、円をつくったその場でのパス回しの練習が効果的。右ページの前に走りながらパスを受け、走り抜けながら後方にパスする練習では、自分のランのスピードにあわせたパスの力加減などを体で覚える。

タテに走りながらのパス練習

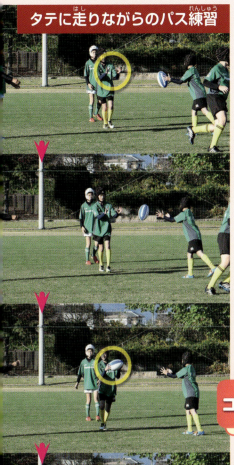

コツ ハンズアップを維持し胸の前でボールをさばく

左右に一人ずつ選手が立ち、その間を走り抜ける。右側からパスを受けたら左側の選手にパス。ボールを受けるタイミングで「パス！」の声をかけ、すばやく横の選手にパスを出す。逆方向も行う。

57

ポイント21 選手の適正ポジション

レベル ★☆☆

ポジション

各ポジションを経験し役割や面白さを知る

ラグビーのポジションは体が大きければフォワード、小柄ならハーフ、足が速ければバックスなど、現在の体格や身体能力できまることがあるかもしれない。しかし、子どもの場合は、成長過程にあり、大きな可能性を秘めていることから、さまざまなポジションを経験しておくことが大切である。

各ポジションを経験すると、その役割や特性を知ることができる。その中で自分が興味のあるやってみたいところを選ぶと、今まで以上に積極的に練習や試合に取り組むことができるだろう。

またパスやラン、タックルなど状況ごとに判断してプレーすることができ、味方や相手選手がなぜそのように動くかということもわかる。そうすることでよりラグビーの面白さを理解でき、チームの中で選手としてのレベルアップにもつながる。

子どもは背の高さや体の大きさ、足の速さが、1年経つだけでも大きく変化するものだ。今、体が小さいからフォワードはできない、足が遅いからバックスは無理、と自分の可能性を自分で勝手に狭めてしまうのはもったいない。

子どもは、誰もが無限の可能性を秘めたオールラウンドプレーヤー（万能型選手）である。消極的にならず、どんどんチャレンジしてみよう。

PART 4

コンタクト
プレー

contact play

ポイント 22 レベル ★★☆ ブレイクダウン

ボールの争奪で相手に勝つ
密集で自分の役割を担ってプレーする

レベルアップ タックルで選手が倒されると、その選手が離したボールに対し、両チームでボールの奪い合いが行われる。攻撃側か守備側かによって、選手それぞれの役割とチームの目的が変わることを理解しておこう。

ブレイクダウンを制して試合を優位に進める

守備側選手のタックル後は、両チームの選手によるボールの争奪である「ブレイクダウン」となる。攻撃側はマイボールを維持し、再びボールを出して攻撃をつなぐことが目的。タックル後に味方へつなぐためのダウンボールやオーバー（スイープ）は重要なプレー。さらにボールを複数の選手で保持したまま進むモールやオフロードパスで攻撃を展開する。逆に守備側は相手ボールを奪い取るためのオーバーやジャッカルなどのプレーを仕掛けていく。双方の選手が反則をとられないよう、自分の役割であるプレーを行うことがポイント。

ここがポイント！
反則に気をつけてボールの争奪戦に勝つ

密集はラグビーで最も反則の多い場面。タックルされた選手がボールを離さなかったり、守備側が密集に横から入ると反則となるので、ルールをしっかり理解しておく必要がある。

PART 4 コンタクトプレー

コツ 倒されたら後方にボールを置く

ダウンボールはタックルされた後、後方にいる味方にボールを渡すプレー。

コツ 相手ボールを奪って攻撃に転ずる

ジャッカルは、地面にあるボールを拾って相手ボール奪うプレー。

ポイント23　レベル ★★☆　ダウンボール

タックルされた後のボールの処理

倒されたら体を伸ばし遠くにボールを置く

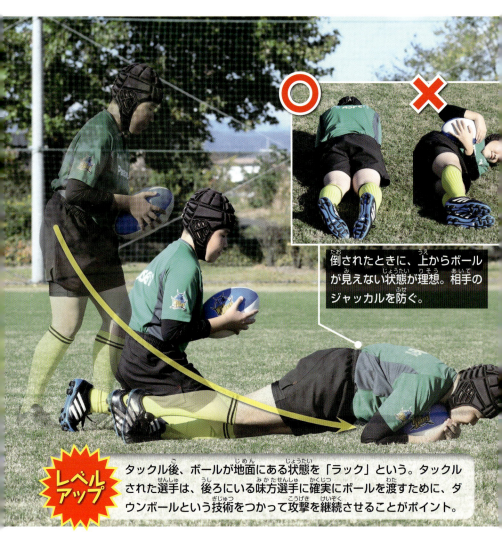

倒されたときに、上からボールが見えない状態が理想。相手のジャッカルを防ぐ。

レベルアップ
タックル後、ボールが地面にある状態を「ラック」という。タックルされた選手は、後ろにいる味方選手に確実にボールを渡すために、ダウンボールという技術をつかって攻撃を継続させることがポイント。

PART 4 コンタクトプレー

ボールを遠くに置いてサポートを待つ

タックルによって倒された選手は、すぐにボールを離さなければならない。そのためボールが地面に置かれるラックの状態になり、両チームのボールの争奪戦が行われる。タックルされた選手がこのとき、何もしなければ、このボールは相手チームに奪われてしまう。

体を反転させながら伸ばし、1つの動作で相手からボールを遠ざけて味方選手のサポートを待つことが大切。これをダウンボールといい、全選手がマスターしていなければならないテクニック。後方からきた味方選手は、そのボールを拾いなおし、攻撃を継続することができる。

コツ **1つの動作でボールを置く**

ここがポイント！
体をまっすぐ伸ばしダウンボールする

ダウンボールするときは、できるだけ相手より遠くに置くこと。体がまっすぐな状態でダウンボールすれば、相手選手は横からラックに参加できないため、マイボールを継続しやすい。

コツ **倒された後の1動作でボールを継続する**

相手の近くにボールを置くと、ボールは奪われてしまうので注意。

ポイント24

レベル ★★☆

スイープ（オーバー）

オーバーで相手のジャッカルを防ぐ

ボール上を通過して
まっすぐ押す

レベルアップ

攻撃側のチームにとって、ボールが地面にあるラックでボールを失うことは即ピンチにつながる。相手がジャッカルでボールを奪いにきたら「スイープ」という技術で相手を押しのけてボールを継続する。

コツ ボール上をオーバーする

相手を押しのけてボールから遠ざける

ラックの状態になれば相手チームは、ジャッカルでボールを奪いにくる。それを防ぐためには、タックルで倒された選手に対してサポートに入る選手が、**スイープ(オーバー)で相手を押しのけ、相手からボールを遠ざけることがポイント**だ。

味方選手から「オーバー!」の声がかかったら、一番にサポートに入った選手は、迷わず相手をつかんで、足をかきながら前方に押す。このとき相手の腕をしっかりつかんで上半身の自由を奪うと、スイープの成功率があがる。ボールは次のサポートプレイヤーが拾い、次の攻撃を仕掛ける。

ここがポイント!
背中を地面と平行に強い姿勢で押す

相手とコンタクトするときは、地面に対して背中を平行に「強い姿勢」を心がける。足を止めず、かき続けて相手を押しやる。頭がさがってしまうと首を痛めてしまうので注意しよう。

コツ ボールの上を通過して正面から相手を押す

相手に対して横から当たってしまうと力が分散して押し切れない。

ポイント 25

レベル ★★★　　　　モール

ボールをキープしながら前へ進む

味方をバインドして
モールを前に進める

!コツ　相手から遠いところで ボールをキープ

レベルアップ
密集の状態でボールを立っている選手が持っていれば、「モール」となる。モールでは手を使ってボールをコントロールできるので、攻撃側は数的優位を保ちつつ、相手を押しながら前に進むことができる。

選手が一団となってモールを前進させる

モールはボールを持つ選手が相手につかまり、これに味方選手がサポートに入りバインド（つかむ）したところでスタートする。ラックとは違いボールは地面にないので、攻撃側はボールを手で扱い、ボールを持つ選手、それをサポートする選手に分かれてモールを前に進める。

モールでは時間を稼いでチームの態勢を整えたり、ゴールラインまで押し切ってトライすることも可能。モールが止まりそうになったらボールを出し、攻撃を展開することもできる。ただし、危険を伴うプレーなのでしっかり練習したうえで使うようにしよう。

PART4 コンタクトプレー

ここがポイント！

サポート選手にボールを渡してモールをつくる

ボールを持つ選手が相手につかまったら、サポート選手がボール保持者をバインドし、モールを形成する。モールではボールを手で扱えるので、後ろのサポート選手にボールを渡し、相手からのジャッカルを防ぐ。安全なところでボールをキープし続けることで、モールをコントロールする。

ポイント 26　レベル ★★★　オフロードパス

タックルされながらパスを出す

相手の意識を集中させて後方の味方を生かす

タックルされて倒されたらボールを離さなければならない。体の向きを変えダウンボールするか、サポートする選手にパスするかすばやく状況判断する。

レベルアップ

タックルを決められた直後にパスを出すことを「オフロードパス」という。相手がボール保持者に意識を集中させているところで、パスによる攻撃の展開で、一気にチャンスを広げることができる。

タックルを受けながら後ろの選手にパスを出す

オフロードパスにはボール保持者が立った状況で行うパスと寝た状態で行うパスがあり、タックルされながらのプレーとなる。そのため相手タックルを微妙に外し、コンタクトに負けない強い体で姿勢を維持しなければならない。そこから、すばやく状況を判断し、走ってくる味方選手にコントロールしたパスを出す。

オフロードパスを成功させるためには、まずタックルを受けている選手がボールを奪われないよう、相手から離れたところにボールを保持すること。そこでサポート選手の位置を確認し、「パス!」という受け手の声を頼りにパスを出す。

PART 4 コンタクトプレー

コツ 味方のランに合わせてパスする

ここがポイント!

相手からボールを離れたところで持つ

タックルされていても、ボールを相手から離してキープすることが大切。後ろからサポートの選手がいることを把握していれば、後方選手の声を頼りに、相手を抑えながらバックフリックパスを出す。

コツ タックルを少し外して上半身を自由にする

タックルを微妙に外すことで、上半身が自由になりパスを出すことができる。

ポイント 27 レベル ★☆☆ ジャッカル

倒れている相手からボールをとる

タックルで倒れた相手のボールを奪う

コツ 前傾姿勢から腕を伸ばす

タックルしたらすばやく立ちあがる

タックルが決まった後に、すばやく立つことができればスムーズにジャッカルに入ることができる。頭を高い位置に維持しつつ、前傾姿勢で腕を伸ばした姿勢で行うこと。このときヒザをしっかり曲げることも大切。相手との距離をつめてボールを下から引きあげる。

レベルアップ

タックルで倒された相手は、すばやくボールを離さなければならない。このボールに対し立った姿勢から、ボールを奪うのが「ジャッカル」だ。プレーが成功すれば相手からボールを獲得できる。

PART 5

キック

kick

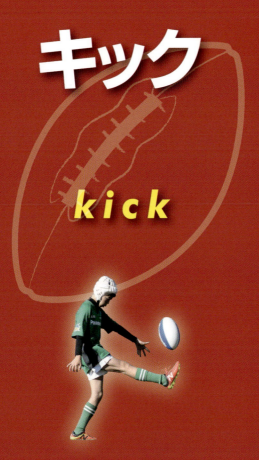

ポイント 28 レベル ★★☆ キック技術

キックを使って試合を動かす

ボールを蹴って ゲームを大きく展開する

レベルアップ キックは低学年ではタップキックしか使わないが、3年生以上になるとキックオフから使う。高学年になるとコンバージョンキックで得点を狙ったり、戦術的なキックも必要になる。成長に応じた技術をマスターしよう。

PART 5 キック

学年の進みにとともに キックの種類を増やす

小学生ラグビーの場合、キックを使わない低学年とキックを使う中高学年に分けられる。

キックオフでの「ドロップキックやパントキック」をはじめ、キックを使うことで戦術的な効果を狙う「グラバーキック」や「スクリューキック」、「チップキック」「ハイパント」など、**学年の進みとともにバリエーションが必要になる**。特定の選手だけでなく、キック力がある選手は身につけておけば、チーム全体のレベルアップにつながる。

※ルールの詳細は所属する協会や大会規定によって異なる

ここがポイント！
キックを効果的に使ってゲームを組み立てる

学年が進むと試合に参加する選手数は多くなり、グラウンドも大きくなる。キックを効果的に使えば戦術的にもメリット大。信頼のおけるキッカーを中心にゲームを組み立てていこう。

コツ 精度の高いボールで試合をコントロールする

ドロップキックはコントロールが効くため、キックオフなどで使う。

コツ コンバージョンで直接得点を狙う

高学年で行うトライ後のコンバージョンキックは、貴重な得点チャンスだ。

ポイント 29

レベル ★☆☆

グラバーキック

ゴロのキックでスペースに出す
足の甲に当てて タテ回転をかける

レベルアップ
味方選手を走らせてトライを狙ったり、相手がゴールまで迫っているときに、陣地を回復するためのキックとして攻守に活用できる。狙ったところにゴロの軌道で、正確にキックできることが大切だ。

タテ回転のキックで味方選手を走らせる

ボールにタテ回転をかけて前方に蹴るグラバーキックは、転がっている間に時間を稼いでくれるので、味方選手がうまくキャッチできればチャンスが拡大したり、ピンチを脱出することができる。

キックするときは体の軸に対して、**真っ直ぐに蹴るようにバックスイングから**フォロースルーまでをとる。体の軸に対してブレているとキックは左右にそれてしまうので注意。足の甲でまっすぐミートできれば、ボールにきれいなタテ回転がかかり、狙ったところにコントロールしやすくなる。キック後は、蹴り足をそのまま前に出して地面に足をつける。

コツ 蹴る方向にまっすぐスイングする

ここがポイント！
両手で持ったボールを離してキックする

目標に対してまっすぐ立ち、両手に持ったボールを胸の前からそのまま落とすこと。ボールを上にあげてしまうと、ボールの落ち方によってキックのミートポイントが変わってしまう。

コツ 足首を伸ばして甲でインパクトする

キックするときは足首を伸ばして、足の甲全体を使ってボールをミートする。

ポイント 30 レベル ★★☆ ドロップキック

ボールを弾ませてキックする
ヒザ下でコンパクトに振りインパクトする

レベルアップ
ドロップキックは、手から離れて地面から跳ね返ったボールをタイミングよくミートする。キックオフ時に精度の高いボールを蹴ることができれば相手の攻撃にプレッシャーをかけることができる。

地面からの跳ね返り直後に合わせてキックする

ドロップキックはボールを一度地面に弾ませてから蹴るテクニック。腰の高さあたりから真下に落とすようにして、ボールの弾み方を安定させることが大切だ。

インパクトはボールの跳ね返り直後、ヒザから下のコンパクトなスイングでまっすぐ振りおろし、足の甲で確実にミートする。振りが大きすぎてしまうと、タイミングが合わなかったり、キックの調整が難しくなるので注意。

キックオフで使うときは、ボールの下部分に足を入れれば高い軌道のキックで時間を稼ぐことができ、中央部分をミートすれば低い弾道で飛ばすことができる。

コツ 地面についた直後を狙ってインパクト

ここがポイント！

インパクト位置を変えて飛距離と軌道を調整する

飛距離の調整は、ボールの落とす位置を変える。やや遠い位置に落とせば低い弾道で距離が出て、近い位置で落とせば高い軌道でボールがあがる。

近い　遠い

コツ キックしたら次のプレーの準備に入る

キック後は体の前に重心を乗せて、蹴り足を進行方向に真っ直ぐに出す。

ポイント 31

レベル ★★☆

スクリューキック

ボールに回転をかけてキックを飛ばす

ボールを傾けて持ち中心をヒットする

レベルアップ スクリューキックはスクリューパスと同じようにボールの軌道に回転をかける飛距離の出る蹴り方。マスターすれば相手より大きなアドバンテージが得られ、ゲームをつくるうえで欠かせないキックだ。

コツ 斜めに持ったボールを落とす

ボールの中心を足の甲でインパクトする

スクリューキックは、試合では回転をかけて遠くに飛ばし、陣地を回復させるために使う戦術的なキックだ。まっすぐ飛ばすドロップキックに比べて難易度は高いが、コツさえつかめば練習次第で思い通りのキックができるようになる。

ドロップキックの場合、両手に持ったボールをまっすぐ下に落とすが、スクリューキックの場合は、ボールの先端を少しだけ横に向けて落とすこと。蹴るときはツマ先をしっかり伸ばし、ボールの中心部分に足の甲が当たるようインパクトする。蹴りたい方向に足を振りあげるとボールは自然に回転して飛んでいく。

ここがポイント！

ボールの先端を傾けて持つ

スクリューキックの回転は、ボールの持ち方で決まる。グラバーキックやドロップパントと違い、ボールの先端を約45度傾けることがポイント。右足でのキックなら右向きに傾けて持つ。

コツ ボールの中心を正確にとらえる

無理に回転をかける意識は持たず、正確にボールの中心をミートすることで回転がかかる。

PART 5　キック

ポイント 32 レベル ★★★ チップキック

キックしたボールをキャッチする
走りながら小さく蹴って自分でキャッチする

レベルアップ ディフェンスが前に迫ってきた場面で、相手の後方にスペースがあるときは「チップキック」で背後を狙うのが効果的。自分で蹴ったキックを上手にキャッチできれば、一気にチャンスが広がる。

コツ ボールの先を手前に向けて落とす

PART 5 キック

キックを自分でキャッチし決定的な形をつくる

相手の背後にあるオープンスペースを狙うチップキックは、前方に走りながら相手との間合いをはかることがポイントになる。

キックするタイミングで相手が遠すぎるとボールに追いつけず、近すぎるとタックルを受けてしまう。4〜5mを目安にキャッチしやすいキックでボールを浮かせる。できるだけ相手にチップキックと見抜かれないよう、直前までパスやランとみせかけることも大事。正面の相手に向かって走りながら、低い位置でボールを手から離してキックすると相手は反応できない。

ここがポイント！

スピードを維持してボールの下を蹴る

相手の陣形を確認しつつ、走っているところにボールを当てるイメージでボール下をインパクトする。走っている速度を維持しつつ、狙ったところにコントロールできるようキックする。

コツ チャージされない高さに小さくボールをあげる

相手が届かない高さに、自分がキャッチしやすいタテ回転のボールを小さくあげる。

ポイント33 レベル ★★☆ ハイパント

高くあがるボールを蹴る

狙いどころをイメージして
インパクト位置と足の振りを変える

レベルアップ

ボールが空中にある間に味方選手が押しあげて、落ちてきたところを奪い、チャンスを広げるキックがハイパント。ボールを保持している状態で相手の後方に滞空時間が長く、高い軌道のボールを蹴る。

ミートポイントの安定が精度アップにつながる

ハイパントは、キックで陣地を挽回したり、キック後に味方がボールを奪うことができればチャンスを獲得できる戦術的なキックだ。

試合中の激しい動作やプレッシャーのあるなかで、いつも同じミートポイントでボールをとらえられることが精度アップのポイント。そのためには、ハイパントの狙いどころをイメージし、ボールをしっかり持ったところから、真下に落として足の甲でとらえることが大切だ。

インパクトでは足首を伸ばして、ボールを足の甲でとらえ、足を振りあげフォロースルーをとる。

コツ！ 足を上へ振りあげる

ここがポイント！

弾道と飛距離を考えてミートポイントを調整する

ハイパントでは、狙う距離や高さによって調整が必要。低い軌道で短い距離を狙うときは、やや低めのミートポイントになる。高く遠くに飛ばしたいときは、高めのミートポイントになる。

コツ！ フォロースルーをとって高く遠くに飛ばす

飛距離によってフォロースルーを調整。高く遠くに飛ばす場合は、より足を高くあげる。

ポイント 34 レベル ★☆☆ ケガ防止
プレー中のケガを予防する
ヘッドギヤやマウスガードを着用(装着)する

ラグビーではタックルやラックなど、選手同士の体の接触(コンタクト)プレーがある。体のぶつかり合いで衝撃が生じるが、ヘッドギヤやマウスガードを使うことで、体への負担は軽減される。ヘッドギヤは相手選手とぶつかったときやラック時などに頭や耳を守る役割をする。マウスガードは歯やあごを保護するだけでなく、歯を食いしばりやすくなることで衝撃がやわらぎ、強い力も出しやすくなる。

安全にラグビーの練習や試合を行うためには、基本のフォームを守ることも大切。無理な体勢にならないので、ケガを防ぐからだ。子どもの選手の場合は、大人に比べてパワーが劣り、体の柔軟性もあることから、接触プレーでの大きなケガにつながりにくいともされるが、技術が未熟だったり、体格の大きな違いから思わぬケガが起こりやすいので、指導者は選手一人ひとりのフォームや技術の

習熟度をしっかり見極め、ルールの徹底にも充分に配慮すべきである。

また、初心者や低学年のタックル指導では、いきなり対人練習を行わず、単独でのフォーム習得、ヒザ立ち練習、タックルバックなど、徐々に練習内容をレベルアップさせるようにして、安全なタックルのテクニックを身につけさせてほしい。

※ヘッドギヤはヘッドキャップ、マウスガードはマウスピースともいう。
※ミニラグビーでは競技規則において、試合中のヘッドギヤ着用が義務とされている。

PART 6

トレーニング

training

ポイント 35

レベル ★☆☆ トレーニング

トレーニングでもスキルアップにはげむ

トレーニングの目的を意識して取り組む

レベルアップ

骨格や体型が定まらないラグビーのジュニア世代では、まず体の「軸」を意識することが大事。それがプレー全体の底上げとなり、運動能力の向上につながる。まずは体幹トレーニングに取り組んでみよう。

体の軸を鍛えることで
あらゆるプレーに対応できる

小学生などには、大きな負荷を使用した筋力トレーニングは必要ない。ボールを扱う練習と平行して、体の軸を意識した体幹トレーニングやアジリティ（敏しょう性）を意識したトレーニングに取り組むべき。

運動能力の基礎を底上げしていくことで、下半身と上半身の連動がスムーズになり、ボディコンタクトが激しいラグビーのあらゆるプレーに対応できる。

また「タグ」というアイテムをつけたタグラグビーも、ラグビーの体の使い方や試合の流れをイメージし、安全にマスターできる有効なトレーニングだ。

ここがポイント！
強い体をつくるには体幹を中心に鍛える

激しいボディコンタクトに耐えうる体の強さやスピードを維持しながらのステップには、体の軸の強さが求められる。コツコツと体幹の筋肉を鍛えることであらゆるポジションに対応できる能力が身につく。

PART 6 トレーニング

コツ 敏しょう性をアップして思い通りのプレーをする

ラグビーに必要な敏しょう性を鍛えるためには、アジリティーのトレーニングが効果的。ラダーなどを使う。

コツ タグラグビーで安全にトレーニング

タグラグビーは、ボディコンタクトがなく安全にラグビーの動きや戦術が身につく練習法のひとつ。

ポイント 36 体幹トレーニング①
レベル ★☆☆
体の軸をまっすぐキープする

腹直筋を使って体を支える（フロントブリッジ）

目安
30〜60秒キープ

地面に両足と両ヒジをつき、足先から頭まで体をまっすぐキープする。このときお腹の筋肉を意識すること。

背筋を使って体を支える

目安
30〜60秒キープ

手のひらを上に向け、両足と両手を地面からあげてキープする。背中の筋肉を使って体を反ることがポイント。

腹斜筋を使って体を支える（サイドブリッジ）

目安
30〜60秒キープ

片ヒジと両足で支え、片手を腰の上においてまっすぐ体をキープする。支えているヒジ側の腹斜筋を鍛える。体を前に傾けると効果が得られない。

ポイント37

レベル ★☆☆　体幹トレーニング②

股関節まわりの筋肉を鍛える

空中で前後の足を入れ替える（マウンテンクライマー）

目安 10〜20回

両手を前につき、片足を後ろ、もう片足を手の横についてスタート。両足で軽く地面を蹴って、空中で足を前後入れ替える。できるだけ足を開いて体幹である股関節まわりの筋肉を動かす。

足をクロスさせて前後に入れ替える（グラスホッパー）

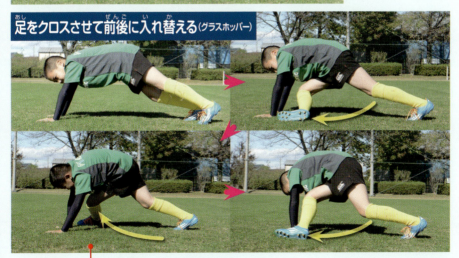

目安 10〜20回

両手を前につき、両足を後ろについてスタート。両足で軽く地面を蹴って、空中で右足を斜め前の左手横につく。左足は後ろでキープ。次は空中で足を入れ替え、左足を斜め前の右手横につき、右足は後ろでキープ。
※左右の足を入れ替える

ポイント 38

レベル ★☆☆

腕と足の筋肉

手と足の筋肉を鍛えて球際に強くなる

ハンズアップの姿勢からスクワット

目安 10〜20回

両足を開き、ハンズアップの姿勢で両手を上にあげる。手をあげたまま、ヒザが前に出ないようゆっくり腰を落とす。腰を落としたところで「強い姿勢」になることが大切だ。腿の筋肉を鍛える。

ゆっくり上下に腕立て伏せ

目安 10〜20回

両手を肩幅程度に開き、足を揃えて後ろについて腕立て伏せの姿勢をとる。ゆっくり腕を曲げて、胸が地面につくギリギリまで落とす。腕を伸ばして体をあげるときも同様にゆっくり行う。

ポイント **39** レベル ★☆☆   アジリティー①

ミニハードルを使って敏しょう性をアップする

PART **6** トレーニング

細かいステップからダッシュ

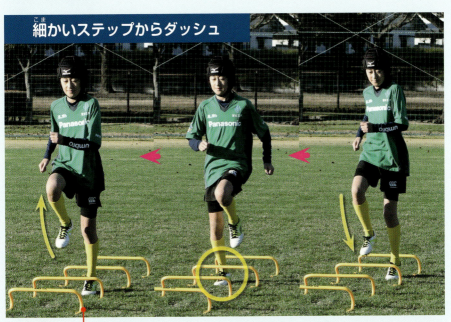

目安
3〜5本

2〜3足分でミニハードルをまっすぐ並べ、後方から走ってハードルを越えていく。ハードルとハードルの間は、地面を叩くように両足で細かいステップを刻み、次のハードルへ移動。ミニハードルを飛び終えたら、ダッシュで一気に走り抜ける。
※ハードルとハードルの間に片足しか入れない方法もある。

コツ 試合の動きをイメージしてステップ

細かいステップでハードルをすべて飛び越えたら、一気に加速して走り抜ける。ラグビーの試合での動きをイメージして行う。

ポイント 40 レベル ★☆☆　アジリティー②

ミニハードルを使って横に細かくステップする

横へのステップからダッシュ

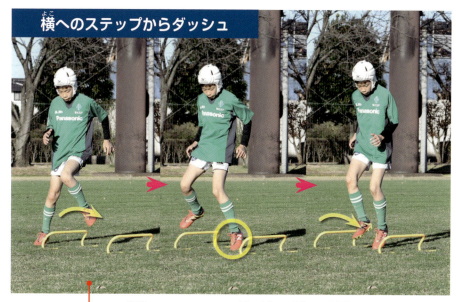

目安 3～5本

2～3足分でミニハードルを横に並べ、右から小刻みなステップでハードルを越えていく。ハードルとハードルの間では、必ず両足の細かいステップを入れてから次のハードルへ移動。ミニハードルを飛び終えたら、ダッシュで一気に走り抜ける。
※ハードルとハードルの間に片足しか入れない方法もある。

コツ 胸を張ってすばやく横に移動してからダッシュ

サイドステップで移動する際は、目線があまり下にならないよう注意。胸を張って姿勢をまっすぐキープしたまま、横に移動してダッシュに入る。

ポイント 41

レベル ★☆☆ アジリティー③

ラダーを使って敏しょう性をアップする

PART 6 トレーニング

速く細かいステップで走り抜ける

目安 3〜5本

ラダーをまっすぐ並べ、後方から走ってマス目に足を入れていく。各マス目では、両足で細かいステップを刻み、次のマス目へ移動。ラダーをすべてクリアしたら、ダッシュで一気に走り抜ける。
※マス目に片足しか入れない方法もある。

細かいサイドステップを繰り返す

目安 3〜5本

ラダーをまっすぐ並べ、横から入ってマス目に足を入れていく。各マス目では、両足で細かいステップを刻み、一旦マス目の外へ移動してから、ひとつ前のマス目に進む。すべてクリアしたら、ダッシュで一気に走り抜ける。
※マス目に片足しか入れない方法もある。

レベル ★☆☆

アジリティー④

ポイント 42
ラダーを使ってサイドステップを磨く

モモを高くあげてすばやく横へステップ

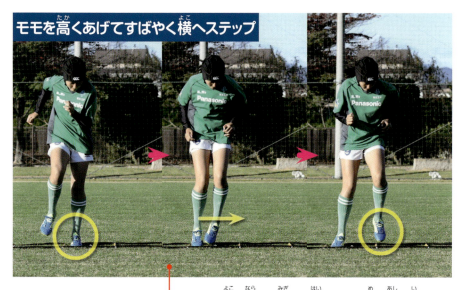

目安
3〜5本

ラダーを横に並べ、右から入ってマス目に足を入れていく。各マス目では、モモを高くあげ、すばやいステップを刻む。必ず両足の細かいステップを入れてから次のマス目へ移動。ラダーをクリアしたら、ダッシュで一気に走り抜ける。
※マス目に片足しか入れない方法もある。

目的を持ってアジリティーに取り組む

ミニハードルは小さいジャンプを繰り返すことで、瞬発力をあげることができる。一方のラダーは、細かいステップによって足腰を強化。どちらも足腰を鍛え、スピーディーに動作するための敏しょう性アップのためのトレーニングだ。

コツ スピーディーに動作してマス目を移動する

ラダーではいかに細かいステップを重ね、マス目からマス目に移動することがポイント。ジャンプや動作自体が大きくなってしまうのはNGだ。

ポイント 43

レベル ★☆☆

アジリティー⑤

ジャンプの高さを抑えすばやく移動する

PART 6 トレーニング

両足ジャンプを繰り返す

目安 3～5本

ラダーをまっすぐ並べ、後方から走ってマス目にジャンプして両足を入れていく。ジャンプでは両足を揃えて着地し、すばやく次のマス目にジャンプして移動。ラダーをすべてクリアしたら、ダッシュで一気に走り抜ける。

両足をジャンプしながら開閉する

目安 3～5本

ラダーをまっすぐ並べ、後方から走ってマス目にジャンプして両足を入れる。次のマス目ではジャンプから両足を開いて外へ。次のマス目ではジャンプから両足を揃えて入れ、これを繰り返す。ラダーをすべてクリアしたら、ダッシュで一気に走り抜ける。

ポイント 44

レベル ★☆☆

タグラグビー①

タグラグビーの基本ルール

腰にタグをつけて
ラグビーの練習をする

レベルアップ

「タグラグビー」とはタックルやキックなどをなくしたラグビーのことで、攻守において運動量が求められる。ラグビーのトレーニングの一環として取り入れることで、チームプレーにも好影響を与える。

腰にタグをつけて
あらゆるゲームに挑戦

タグラグビーに参加する選手は、腰にベルトを着け、その両腰のワンタッチテープ部分にビニール製のリボンである「タグ」を着けてプレーする。腰にあるタグを相手から捕ることが、ラグビーのタックルに相当する。ラグビーと同じように複数の人数でゲームを行うものから、1対1で個々のフィジカルを競うものまであるバリエーションがある。

ゲーム形式のタグラグビーは、得点が入りやすく、参加選手が活躍できることが特徴。ラグビーの「トライ」の爽快感をゲーム感覚で楽しむことができる。

ここがポイント！
腰にタグをつけてゲームの準備

タグラグビーでは、参加選手が腰にベルトを着け、左右の腰にあるワンタッチテープ部分にビニール製のリボンである「タグ」を着けてプレーする。チームごとに色分けして敵味方を判別する。

PART 6 トレーニング

コツ 相手からタグをとったら大きな声で「タグ!」という

ボールを持って走る攻撃側の選手のタグを守備側の選手が奪いとれば、相手の前進を止めることができる。このとき守備側の選手はとったタグを頭上にあげて、大きな声で「タグ!」と宣言した後、取ったタグを相手に返すのが基本。

ポイント 45 握手タグとり

レベル ★☆☆

タグラグビー②

握手した相手の腰にあるタグを奪う

レベルアップ

握手することで相手と1対1の状況をつくる。相手の動作に対してかわすステップや体の動かし方を身につけ、タグを奪いにいくときはタックルの要領で低い位置からすばやく手を伸ばす。

お互いに握手するだけで、攻守は決めない。スタートの合図と同時に互いのタグをとりにいく。タグをとる方は相手の動きをよくみて腕を伸ばし、逃げる方はステップや体の動きで巧みにかわすことがポイント。

ポイント 46 通り抜けゲーム

レベル ★★☆

タグラグビー③

PART 6 トレーニング

相手の守備ラインをステップで突破する

レベルアップ

ラグビーのゲームに近づいた形式のゲーム。ディフェンスラインを敷く相手に対し、ステップを使ってかわす。守る側はいかに多くの相手からタグをとることができるか、マークの徹底や戦術的なディフェンスを考える。

同数の選手が互いわかれ、守備側の選手はゴールライン上で待ち構える。攻撃側の選手はタグをとられずにラインを突破すれば成功。守備側の選手はディフェンスのラインを全体で押しあげてプレッシャーをかけたり、相手の複雑なステップに対して、どのようなマークで対応するかチームで考えてプレーする。

ポイント 47　レベル ★★★　タグラグビー④

ゲームを楽しむ

ラグビーの動きをイメージしてゲームに挑戦

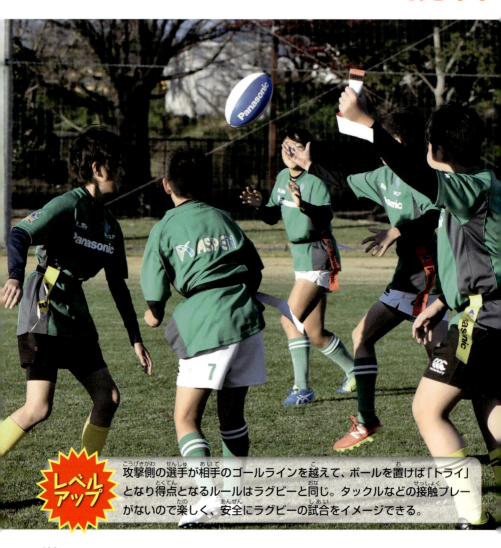

レベルアップ　攻撃側の選手が相手のゴールラインを越えて、ボールを置けば「トライ」となり得点となるルールはラグビーと同じ。タックルなどの接触プレーがないので楽しく、安全にラグビーの試合をイメージできる。

タグラグビーのルールを理解してゲームを楽しむ

チームの人数は4〜5人が目安。攻撃側の選手は、ボールを持って走ったり、後方の味方へのパスを使って前へ進み、トライを目指す。これに対し守備側の選手は、ボールを持っている選手のタグをとることで、その前進を止めることができる。タグをとった選手はタグを返し、タグをとられた選手は、タグを返してもらい腰につけるまで、次のプレーはできない。

タグをとられた選手がする最初のパスは、守備側はとることができない。それ以外のパスは自由にカットし、攻撃に転ずることもできる。

ここがポイント！
フリーパスから試合がはじまる

ゲームの開始やゲーム再開のパスのことを「フリーパス」という。フリーパスでは、守備側は相手（ボールを持つ）から5m下がる。フリーパスを最初にもらう攻撃側の選手は、パスをする選手の後ろ2m以内に立つ。

PART 6 トレーニング

コツ 安全にプレーしてタグラグビーを楽しむ

タックルなどのボディコンタクトを制限しているので、試合を行っても安全にプレーできる。

コツ 適材適所の活躍でトライの快感を知る

全員にボールが行きわたるタグラグビーは、個々の選手の可能性を引き出すことができる。

ポイント+α レベル ★☆☆ ラグビーの楽しさ

試合に向けてのメンタルトレーニング

ラグビーという競技を心から楽しむ

試合ではいつもの練習と違う環境や相手と戦い、勝たなければいけないというプレッシャーを感じると、必要以上に緊張してしまう。緊張や不安で体がかたくなれば、プレー動作にも影響が出る。

大人のトップ選手などは過度の緊張を防ぐために、イメージ法やルーティーンワークなどメンタルトレーニングを行うが、子どもには必要ないであろう。指導者や保護者は、子どもにテクニックで気持ちを調整させようとするのではなく、仲間と共に戦うラグビーの面白さを感じられるように、いつも通りに練習してきたことを行えばよいことを伝えよう。子どものスポーツで最も大切なことは、勝敗ではなく、体力向上や運動の楽しさを感じることだ。

しかし、ただ楽しめばいいというわけでもない。勝利への意欲があまりにも低いと、練習での技術の習得やルールの理解がおろそかになり、子どもたちは試合で危険なプレーや怠慢なプレーをしがち

になる。結果、ケガのリスクも高まるし、敗戦が続くことでやる気も下がってしまう。

勝利の喜びも、敗北の悔しさも、ラグビー選手としてだけでなく、人間としての健全な成長を促す重要な要素である。試合でリードしても、リードされても、最後まで全力でプレーする。そしてノーサイドの精神で、試合後は味方も相手も関係なく健闘をたたえ合い、励まし合う。ラグビーの楽しさや面白さは、ただプレーすること、ひたすら勝利を求めることだけではないと心がけてほしい。

PART 7

ラグビー・ルール

rules

ポイント 48

レベル ★☆☆　　　ルール①

試合の人数と時間

カテゴリーごとに試合人数と時間が変わる

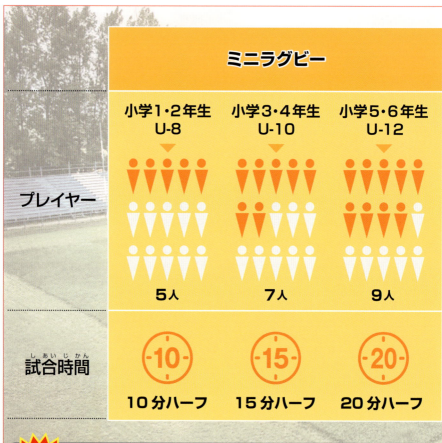

小学生のラグビーは、小学1〜2年生（U-8）、3〜4年生（U-10）、5〜6年生（U-12）という3つのカテゴリーに分類される。各年代によって試合での人数や時間が変わるのでチェックしておこう。

子どもの成長に合わせた競技ルールで試合を行う

PART 7 ラグビー・ルール

日本ラグビーフットボール協会では、子どもたちが安全で楽しくプレーするためにミニラグビーの競技規則を定め、子どもの体力や成長段階を考慮している。

ラグビーの試合は大人（高校生以上）の場合、1チーム15人で行われるが、小学生では1～2年生のU-8で5人、3～4年生のU-10で7人、5～6年生のU-12で9人と定められている。

試合時間についても、U-8は10分ハーフ以内、U-10で15分ハーフ以内、U-12で20分ハーフ以内として、カテゴリーがあがるとゲーム時間が長くなる。

※ルールの詳細は所属する協会や大会規定によって異なる

ジュニアラグビー	ラグビー
中学生 U-15	大学生以上
12人	15人
20分ハーフ	40分ハーフ

※高校生の場合は、人数は大学生以上と同じで試合時間は30分ハーフとなる。

ここがポイント！
登録された選手が試合に出場する

選手の交代や入替えは、各大会規則に準ずる。登録された選手全プレーヤーが出場することが理想。選手に負傷があった場合は、一時的交代あるいは正式交代が認められる。

コツ 人数に応じてポジションを構成

チームはフォワードやハーフバック、バックスというポジションで構成される。

ポイント 49 レベル ★☆☆ ルール②

フィールドの大きさ

安全なピッチで選手が全力でプレーする

各年代ごとのグラウンドの規格

U-8（小学1～2年）

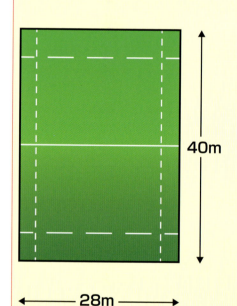

40m / 28m

U-10（小学3～4年）

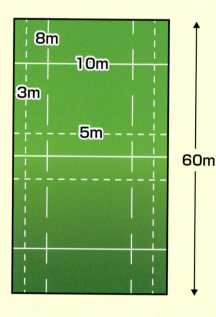

8m / 10m / 3m / 5m / 60m / 35m

レベルアップ

試合への参加人数が増えるにしたがいフィールドのサイズも大きくなる。それに応じてフォーメーションや戦術的な要素も学年ごとに進化してくるので選手はもちろん、指導者も意識して取り組まなければならない。